FRANCK SCHMITT

SOUPES BOUILLONS & Cie

40 REPAS COMPLETS

GERFAUT

SOMMAIRE

INTRODUCTION

À LA BONNE SOUPE !

Notre relation à ce plat ancestral remonte souvent à l'enfance. À sa préparation et la pluche des légumes, à la soupière qui fume, le fumet qui s'en dégage, les croûtons qui se préparent et cette idée du partage. Après une froide journée d'hiver, rien de plus réconfortant qu'une bonne soupe !

Il y a ceux qui l'aiment moulinée et ceux qui préfèrent de la mâche. Quoi qu'il en soit, les soupes font l'unanimité ! Qu'elles soient simples ou aux saveurs recherchées, qu'elles soient rustiques ou élégantes, elles savent toujours nous régaler et nous surprendre ! Et lorsqu'elles composent un vrai repas complet, c'est encore plus savoureux.

Nous avons voulu vous proposer une foule de recettes simples que vous pouvez préparer à l'avance, pour régaler votre famille et vos amis. Tout d'abord, des recettes du terroir : soupe aux choux, garbure ou soupe de poissons... Puis nous voyagerons avec des soupes venues de tous les coins de la planète : du Maghreb, de Thaïlande, d'Inde ou du Vietnam. Partout dans le monde, la soupe est aussi bien le plat de la rue que le plat familial !

Les fans de veloutés ne seront pas oubliés avec des recettes onctueuses et parfumées aux courges, légumes verts, pommes de terre ou artichauts. Pour les accompagner, toppings, tartines, bruschettas, feuilletés, graines torréfiées, nous vous donnons plein de recettes et d'astuces pour faire des chaque soupe une fête et un festin de roi !

A vos tabliers, j'ai hâte de vous faire découvrir toutes ces merveilles !

Franck Schmitt

LES ASTUCES

RÉALISER

LES DÉCOUPES

Pour préparer vos soupes, vous aurez besoin de réaliser des découpes de légumes. Les plus courantes sont la julienne, la brunoise et la macédoine. Nous vous donnons quelques conseils ici pour les réussir.

Avant toute chose,
il vous faut un couteau bien aiguisé. On ne travaille bien qu'avec du bon matériel, mieux vaut donc vous assurer de son tranchant.

LA JULIENNE DE LÉGUMES

1 Épluchez et lavez les légumes, puis coupez-les en tronçons de 5 cm de long environ.

2 Taillez les légumes en fines tranches de 2 mm d'épaisseur au couteau ou à la mandoline. Les tronçons de poireau doivent être coupés en deux dans le sens de la longueur. Regroupez ensuite les tranches « en paquets », qui seront émincés tels quels.

3 Coupez les tranches ainsi obtenues en bâtonnets très fins et réguliers.

LA MACÉDOINE

1 Épluchez et lavez les légumes, puis coupez-les en tronçons de 5 ou 10 cm de long.

2 Taillez les légumes en tranches de 4 mm d'épaisseur au couteau ou à la mandoline.

3 Coupez ensuite ces tranches en petits dés de 4 mm de côté.

LA BRUNOISE

1 Épluchez et lavez les légumes, puis coupez-les en tronçons de 5 ou 10 cm de long.

2 Taillez les légumes en fines tranches de 2 mm d'épaisseur au couteau ou à la mandoline.

3 Coupez les tranches en petits dés de 2 mm de côté.

Notre conseil

Selon la découpe choisie, les légumes cuisent plus ou moins vite. Faites-les cuire séparément pour un meilleur résultat.

RÉALISER
DES RAVIOLIS

Pour vos bouillons et potages, vous serez peut-être amené à réaliser des raviolis de légume, de crevette, de viande ou de poisson. Leur préparation n'est pas très compliquée, elle demande juste un peu de temps.

RAVIOLIS CLASSIQUES

Pour 30 raviolis
300 g de farine
1 c. à s. d'huile d'olive
3 œufs
Sel et **poivre** du moulin

1 Dans un saladier, versez la farine et creusez un puits. Ajoutez l'huile d'olive. Salez et poivrez généreusement.

2 Ajoutez les œufs additionnés d'1 cuillerée à soupe d'eau. Mélangez la pâte à la main ou au robot équipé d'une feuille ou d'un crochet. Lorsque la pâte est homogène, faites-en une boule, enveloppez-la dans un linge, puis placez-la au frais pendant 1 heure pour qu'elle repose.

3 Pendant ce temps, réalisez votre farce. Réservez. Sur un plan de travail fariné, étalez la pâte finement. Vous pouvez aussi utiliser un laminoir.

4 Disposez des petits paquets de farce en laissant suffisamment d'espace pour la soudure (2 à 3 cm) et en les alignant.

5 Coupez ensuite la pâte en bandes.

6 Trempez vos doigts dans de l'eau fraîche, puis humidifiez la pâte sur la zone d'espacement autour de chaque tas de farce. Posez une bande de pâte sur chaque ligne de farce et appuyez de tous les côtés pour bien refermer. Enfin, coupez les raviolis au couteau ou à l'emporte-pièce pour un résultat plus décoratif.

Notre conseil

Faites sécher vos raviolis à l'air libre 1 heure avant de les cuire pour qu'ils ne collent pas. La cuisson dure entre 3 et 5 minutes, mais nous vous recommandons de faire un test avec une pièce avant de vous lancer.

POUR 20 RAVIOLIS

200 g de farine de blé
1 pincée de sel

RAVIOLIS CHINOIS

Les raviolis chinois s'accordent à merveille avec les recettes exotiques présentées dans cet ouvrage. Voici comment les préparer.

1 Mélangez la farine et le sel, puis versez 13 cl d'eau bouillante petit à petit tout en remuant, jusqu'à obtenir une pâte homogène.

2 Laissez reposer 30 minutes environ avant d'utiliser.

POUR 20 RAVIOLIS

300 g de farine de riz
150 g de farine de tapioca
1 pincée de sel

RAVIOLIS À LA FARINE DE RIZ

1 Mélangez les farines et le sel, puis versez 50 cl d'eau bouillante petit à petit tout en remuant, jusqu'à obtenir une pâte homogène.

2 Laissez reposer 30 minutes environ avant d'utiliser.

Notre conseil

Vous pouvez façonner les raviolis de façon classique ou à l'asiatique, c'est-à-dire en forme de petits paquets.

RÉALISER

UN BOUILLON

Les bouillons servent de base à beaucoup de préparations et de potages. Qu'ils soient de légumes, de volaille, de bœuf, d'agneau ou encore des fumets de poisson ou de crustacé, le secret de leur réussite est toujours le même : une cuisson longue pour que les ingrédients imprègnent de leurs saveurs l'eau dans laquelle ils mijotent. Ces bouillons peuvent se conserver 2 à 3 jours au frais. On peut aussi les congeler pour une utilisation ultérieure.

LE BOUILLON DE VOLAILLE

2 cuisses de poulet
2 ailes de poulet
3 carottes
1 poireau
1 oignon
2 branches de céleri
2 gousses d'ail
Huile d'olive
Sel et poivre du moulin

1 Épluchez les carottes, les oignons et l'ail. Lavez le poireau et le céleri.

2 Émincez l'ail et les oignons, et taillez les carottes et le céleri en tranches, le poireau en tronçons.

3 Dans une casserole ou une sauteuse, faites suer l'ail et l'oignon 5 minutes avec un peu d'huile d'olive.

4 Ajoutez le poulet et laisser blondir sur toutes les faces.

5 Ajoutez les carottes, le poireau et le céleri. Salez, poivrez et versez 3 l d'eau. Faites cuire le bouillon pendant 1 h 30 à couvert et à feu doux pour un résultat savoureux.

6 Filtrer le bouillon à l'aide d'un chinois fin.

Notre conseil

Récupérez les légumes et la viande bouillie pour en faire une tarte salée ou une salade.

LES SOUPES DU TERROIR

PRÉPARATION : **20 MIN** CUISSON : **30 MIN**

SOUPE

AUX CHOUX, CROÛTONS ET LARDONS

POUR 6 PERSONNES

1 chou vert

2 carottes

2 pommes de terre

1 oignon

3 gousses d'ail

400 g de poitrine demi-sel détaillée en lardons

1 fagot de thym

1 feuille de laurier

6 gros croûtons de pain de campagne (voir p. 122)

Huile d'olive

Sel et **poivre** du moulin

1 Lavez le chou et coupez-le en quatre. Supprimez la partie centrale, puis émincez-le. Faites-le ensuite blanchir dans de l'eau bouillante 4 à 5 minutes.

2 Épluchez les carottes et coupez-les en cubes. Pelez les pommes de terre, l'oignon et l'ail, puis émincez-les.

3 Dans une sauteuse, faites revenir l'oignon et l'ail, ajoutez les lardons, les carottes et le chou. Couvrez d'eau en ajoutant 5 cm. Salez avec modération, poivrez et ajoutez le thym et le laurier. Laissez cuire 30 minutes.

4 Retirez les herbes, vérifiez l'assaisonnement et rectifiez-le si nécessaire. Servez aussitôt accompagné de croûtons.

Laissez les légumes coupés grossièrement pour donner de la consistance à ce délicieux potage traditionnel.

PRÉPARATION : 40 MIN CUISSON : 1 H 30

SOUPE MINESTRONE

POUR 4 PERSONNES

2 pommes de terre
1 petite courgette
2 carottes
2 gousses d'ail
1 oignon
2 tomates
250 g de haricots blancs frais écossés
Huile d'olive
100 g de pâtes courtes
5 tiges de persil
5 tiges de basilic
80 g de parmesan
Sel et **poivre** du moulin

1 Épluchez les pommes de terre, la courgette et les carottes, puis coupez-les en macédoine (voir p. 11). Pelez et émincez l'ail et l'oignon. Mondez les tomates et émincez-les.

2 Faites cuire les haricots blancs 30 minutes dans de l'eau bouillante salée. Égouttez et réservez.

3 Dans une sauteuse, faites suer l'ail et l'oignon avec l'huile d'olive. Ajoutez les pommes de terre, la courgette, les tomates et les carottes. Salez, poivrez, couvrez d'eau et laissez cuire 30 minutes.

4 Pendant ce temps, hachez le persil et le basilic. Râpez le parmesan.

5 Ajoutez les pâtes dans la soupe et laissez cuire encore 10 minutes.

6 Servez la soupe dans des bols, parsemez de persil, de basilic et de parmesan.

Vous pouvez accompagner cette soupe de croûtons frottés à l'ail.

PRÉPARATION : 20 MIN CUISSON : 40 MIN

SOUPE DE LENTILLES BELUGA AUX SAUCISSES FUMÉES

POUR 6 PERSONNES

1 gousse d'ail
1 oignon
2 carottes
400 g de lentilles beluga
1 branche de thym
3 feuilles de laurier
2 saucisses de Morteau cuites
Huile d'olive
Sel et **poivre** du moulin

1. Épluchez l'ail et l'oignon, puis émincez-les. Épluchez les carottes et coupez-les en rondelles.

2. Dans une cocotte, faites revenir l'oignon et l'ail avec un filet d'huile d'olive. Laissez cuire 3 minutes sans colorer. Ajoutez les lentilles et versez 3 fois leur volume en eau. Ajoutez le thym et le laurier, salez et poivrez. Laissez cuire 15 minutes.

3. Ajoutez les saucisses entières et poursuivez la cuisson 20 minutes. Vérifiez la cuisson des lentilles : celles-ci doivent rester *al dente* !

4. Coupez les saucisses en tranches. Vérifiez l'assaisonnement et rectifiez-le si nécessaire, puis servez sans attendre.

Vous pouvez ajouter 4 pommes de terre dans cette bonne soupe hivernale.

PRÉPARATION : 30 MIN CUISSON : 1 H 50

GARBURE AU CANARD CONFIT

POUR 6 PERSONNES

100 g de haricots blancs secs
4 navets
6 carottes
2 gros oignons
4 poireaux
1 chou vert
2 cuisses de canard confites
250 g de gros lardons
Sel et **poivre** du moulin

1 La veille, faites tremper les haricots toute la nuit dans de l'eau froide. Le jour même, blanchissez-les 4 à 5 minutes dans l'eau bouillante. Réservez.

2 Épluchez les navets et les carottes, puis coupez-les en morceaux. Pelez les oignons et émincez-les. Lavez les poireaux, retirez le vert et coupez-les en morceaux.

3 Coupez le chou en quatre, supprimez la partie centrale et blanchissez-le 4 à 5 minutes dans l'eau bouillante. Réservez.

4 Faites chauffer les cuisses de canard dans une poêle pour faire fondre la graisse. Retirez-les et faites revenir dans la poêle les carottes, les navets, les poireaux et les lardons 5 minutes environ dans la graisse fondue. Mélangez bien.

5 Mettez le tout dans une cocotte, versez 2 l d'eau froide et ajoutez les haricots blancs. Salez et poivrez. Portez à ébullition, puis ajoutez le chou. Laissez mijoter à feu doux 1 h 15.

6 Ajoutez les cuisses de canard et poursuivez la cuisson encore 15 minutes.

PRÉPARATION : 30 MIN CUISSON : 30 MIN

SOUPE DE RAVIOLES AU FOIE GRAS

POUR 6 PERSONNES

4 poireaux
1 carotte
2 tiges de céleri
en branches
2 oignons nouveaux
1 botte de cerfeuil
100 g de foie gras cru
2 c. à s. d'huile d'olive
30 ravioles de foie gras (voir ingrédients et recette p. 12)
Sel et **poivre** du moulin

1 Lavez les poireaux, épluchez la carotte et coupez-les en julienne (voir p. 10). Lavez et coupez le céleri en fins tronçons. Hachez les oignons nouveaux et le cerfeuil. Coupez le foie gras en dés.

2 Dans une sauteuse, faites suer les oignons nouveaux avec l'huile d'olive 3 minutes sans colorer. Ajoutez les dés de foie gras et laissez-les fondre. Ajoutez ensuite les légumes émincés et mélangez bien. Ajoutez 3 litres d'eau, salez et poivrez généreusement. Laissez cuire 25 minutes.

3 Pendant ce temps, faire cuire les ravioles (vous pouvez aussi les faire cuire directement dans la soupe en fin de cuisson).

4 Versez le bouillon dans des assiettes creuses, ajoutez les ravioles, parsemez de cerfeuil et servez aussitôt.

PRÉPARATION : **30 MIN** CUISSON : **1 H 40**

SOUPE DE POULE AU POT

POUR 6 PERSONNES

6 carottes

8 pommes de terre

1 oignon

1 gousse d'ail

3 branches de céleri

6 cuisses de poulet

2 blancs de poulet

1 carcasse de poulet

1 bouquet garni

2 l de bouillon de poule

1 petit bouquet de persil haché

Huile d'olive

Sel et **poivre** du moulin

1 Épluchez les carottes, les pommes de terre, l'oignon et l'ail, lavez le céleri. Coupez les carottes et les pommes de terre en rondelles, émincez l'oignon, l'ail et le céleri. Coupez les blancs de poulet en trois, séparez les pilons des hauts de cuisses.

2 Dans une sauteuse, faites revenir les pilons et les hauts de cuisse avec un peu d'huile d'olive sur toutes les faces, sans trop colorer. Ajoutez l'oignon et l'ail, laissez cuire 3 minutes. Ajoutez les autres légumes, les blancs et la carcasse de poulet. Salez, poivrez, ajoutez le bouquet garni et couvrez de bouillon. Cuisez 10 minutes à feu moyen, puis laissez mijoter 1 h 20 à feu doux. Ajoutez un peu d'eau en cours de cuisson si nécessaire.

3 Répartissez la soupe et la viande dans des bols, puis parsemez de persil. Servez bien chaud.

PRÉPARATION : 20 MIN CUISSON : 1 H 40

SOUPE

DE HARICOTS BLANCS ET SAUCISSES FUMÉES

POUR 6 PERSONNES

300 g de haricots blancs secs
3 tomates
1 oignon
2 gousses d'ail
2 oignons nouveaux
3 saucisses fumées cuites
1 cuisse de canard confit
2 c. à s. d'huile d'olive
1 pincée de piment d'Espelette
Sel et **poivre** du moulin

1 La veille, mettez les haricots blancs à tremper toute la nuit. Le jour même, faites-les cuire pendant 1 h 15 dans un grand volume d'eau salé. Égouttez et réservez.

2 Mondez les tomates et coupez-les en cubes. Pelez l'oignon et l'ail. Émincez-les ainsi que les oignons nouveaux en conservant une partie de la tige. Coupez les saucisses en tranches. Émiettez la cuisse de canard sans la peau.

3 Dans un faitout, faites revenir les oignons et l'ail avec l'huile d'olive 5 minutes, sans colorer. Ajoutez les haricots blancs, la saucisse, la cuisse de canard et les tomates. Couvrez d'eau en ajoutant 5 cm environ, salez, poivrez et ajoutez le piment d'Espelette. Laissez cuire 20 minutes et servez bien chaud.

PRÉPARATION : 30 MIN CUISSON : 1 H

SOUPE

DE PETITS POIS, PIGEON ET OIGNONS RÔTIS

POUR 6 PERSONNES

2 kg de petits pois frais ou surgelés
1 oignon
200 g de lardons fumés
1 cube de volaille
3 pigeons ou **3** cailles coupés en deux
4 oignons nouveaux
1 verre de vin blanc
Huile d'olive
Sel et **poivre** du moulin

1 Écossez les petits pois si nécessaire. Épluchez et émincez l'oignon. Coupez les oignons nouveaux en deux.

2 Dans une cocotte, faites suer l'oignon avec un filet d'huile d'olive. Ajoutez les lardons et laissez cuire 5 minutes. Ajoutez les petits pois, couvrez d'eau, salez, ajouter le cube de volaille, poivrez et laissez cuire 20 minutes.

3 Pendant ce temps, dans une autre cocotte, faites chauffer 2 cuillerées à soupe d'huile d'olive. Faites dorer les pigeons (ou les cailles) des deux côtés, salez, poivrez et ajoutez les oignons nouveaux afin qu'ils rôtissent. Versez le vin blanc et faites cuire à couvert 20 à 30 minutes.

4 Vérifiez l'assaisonnement et rectifiez-le si nécessaire. Servez la soupe dans de grandes assiettes creuses et ajoutez, au centre, les demi-volailles et les oignons rôtis.

PRÉPARATION : **25 MIN** CUISSON : **25 MIN**

BOUILLON D'ASPERGES, PETITS POIS ET POULET

POUR 6 PERSONNES

600 g de petits pois frais

2 bottes d'asperges vertes

3 filets de poulet jaune

2 gousses d'ail

3 oignons nouveaux

1 cube de bouillon de volaille

Pour les brochettes

1 c. à s. d'huile d'olive

Cumin en poudre

Sel et **poivre** du moulin

Pour les tartines

6 tranches de pain de campagne

50 g de parmesan

1. Écossez les petits pois, puis faites-les cuire 10 minutes dans de l'eau bouillante salée. À la fin de la cuisson, plongez-les aussitôt dans de l'eau glacée. Égouttez et réservez.

2. Retirez le tiers supérieur de la tige des asperges, souvent plus dur, puis coupez-les en deux. Faites-les cuire 10 minutes dans de l'eau bouillante salée. À la fin de la cuisson, plongez-les aussitôt dans de l'eau glacée pour conserver leur couleur. Égouttez et réservez.

3. Coupez le poulet en gros cubes. Réservez-en un tiers pour les brochettes. Pelez et émincez l'ail et les oignons.

4. Préparez les 6 brochettes en embrochant les morceaux de poulet mis de côté sur des piques. Salez, poivrez et saupoudrez de cumin.

5. Délayez le bouillon de volaille dans 2 l d'eau bouillante. Plongez les morceaux de poulet dans le bouillon, puis ajoutez les oignons et l'ail. Faites cuire 5 à 6 minutes.

6. Ajoutez les deux tiers des asperges (le reste servira pour les tartines). Laissez cuire 3 minutes de plus.

7. Pendant ce temps, réalisez les tartines en faisant griller le pain. Ajoutez les asperges mises de côté et parsemez de parmesan.

8. Saisissez les brochettes de poulet avec l'huile d'olive dans une poêle 5 minutes. Salez, poivrez et saupoudrez de cumin.

9. Servez le bouillon bien chaud accompagné des brochettes et des tartines.

PRÉPARATION : 20 MIN CUISSON : 45 MIN

SOUPE

DE CAROTTES ET PANAIS, PÉTALES DE BACON

POUR 6 PERSONNES

1,5 kg de carottes

1 kg de panais

1 oignon

2 gousses d'ail (éventuellement fumé d'Alreux)

½ botte de persil

200 g de lard gras

1 c. à c. de cumin en grains

30 tranches fines de bacon

Sel et **poivre** du moulin

1. Épluchez les carottes et les panais, puis coupez-les en dés. Pelez et émincez l'oignon et les gousses d'ail. Hachez le persil. Coupez le lard en petits morceaux.

2. Dans une cocotte, faites fondre le lard 5 minutes à feux moyen. Ajoutez l'oignon et laissez cuire 3 minutes. Ajoutez ensuite les légumes et couvrez d'eau en ajoutant 5 cm environ. Salez, poivrez, ajoutez le cumin, ainsi que la moitié du persil haché. Laissez mijoter à couvert pendant 35 minutes.

3. Ajoutez les tranches de bacon préalablement poêlées et poursuivez la cuisson pendant 3 minutes.

4. Saupoudrez la soupe du reste de persil haché et servez bien chaud.

PRÉPARATION : **45 MIN** CUISSON : **40 MIN**

SOUPE DE MOULES AU CURCUMA

POUR 6 PERSONNES

3 l de moules grattées
1 oignon jaune haché
1 bouquet de persil ciselé
2 verres de vin blanc
6 pommes de terre
1 branche de céleri
6 tomates
2 gousses d'ail
1 c. à s. d'huile d'olive
1 c. à c. de curcuma en poudre ou **2** cm de curcuma frais haché
3 oignons nouveaux
Sel et **poivre** du moulin

1 Dans une sauteuse, mettez les moules, l'oignon, le persil (conservez-en une poignée pour le décor) et le vin blanc. Couvrez et faites cuire 5 minutes pour que les moules s'ouvrent. Retirez les coquilles (en conservez certaines avec leur coquille pour la présentation), filtrez le jus et récupérez les oignons. Réservez.

2 Épluchez les pommes de terre et coupez-les en rondelles. Lavez et émincez le céleri. Mondez et épépinez les tomates. Pelez et hachez l'ail.

3 Dans une cocotte, faites sauter les tomates et les 3 oignons nouveaux sans la tige avec l'huile d'olive 5 minutes. Ajoutez l'ail, le curcuma, les pommes de terre et le céleri. Salez, poivrez, couvrez d'eau et ajoutez le jus de moules filtré. Laissez cuire 30 minutes.

4 Réservez quelques moules pour le décor et ajoutez le reste dans la soupe. Mixez au mixeur plongeant.

5 Versez la soupe dans des assiettes creuses. Ajoutez les moules mises de côté et parsemez du persil mis de côté. Coupez les oignons nouveaux en tranches fines et disposez-les sur l'assiette.

PRÉPARATION : **20 MIN** CUISSON : **1 H**

COTRIADE NORMANDE

POUR 6 PERSONNES

6 petits maquereaux ou grosses sardines vidés et écaillés
1 oignon
8 carottes
10 pommes de terre
3 branches de céleri
2 gousses d'ail
½ botte de persil haché
6 petits morceaux de congre ou de merlu
6 petits morceaux de lotte ou de cabillaud
Huile d'olive
Poivre du moulin

1 Rincez les maquereaux, puis coupez et réservez les têtes. Pelez et émincez l'oignon.

2 Dans une sauteuse, faites revenir l'oignon avec un filet d'huile. Ajoutez les têtes de maquereaux et laissez suer 3 minutes. Versez 3 l d'eau et laissez ainsi frémir 30 minutes afin de réaliser un fumet de poisson. Filtrez et réservez.

3 Épluchez les carottes et les pommes de terre, puis coupez-les en tranches. Lavez et émincez le céleri. Écrasez les gousses d'ail.

4 Faites cuire les carottes, les pommes de terre, le céleri et l'ail dans le fumet à feu moyen pendant 20 minutes. Ajoutez les poissons et laissez-les cuire 10 minutes (maximum).

5 Ajoutez du persil haché, poivrez et servez.

Vous pouvez accompagner cette soupe de croûtons frottés à l'ail et beurrés ou de croûtons au pesto (voir p. 122).

PRÉPARATION : **40 MIN** CUISSON : **1 H 10**

SOUPE DE POISSONS DE ROCHE ET BROCHETTES DE LA MER

POUR 6 PERSONNES

2 kg de poissons de roche écaillés et vidés (par le poissonnier)
400 g de tomates
1 oignon
1 blanc de poireau
3 gousses d'ail
1 poivron rouge
4 c. à s. d'huile d'olive
1 bouquet garni
4 branches de persil plat
4 filaments de safran
Sel et **poivre** du moulin

Pour les brochettes

18 crevettes entières cuites
12 noix de Saint-Jacques
Herbes de Provence
Huile d'olive
Poivre du moulin

1 Rincez et essuyez les poissons. Coupez-les en morceaux.

2 Mondez les tomates et coupez-les en morceaux. Épluchez l'oignon et émincez-le ainsi que le blanc de poireau. Pelez les gousses d'ail et hachez-les grossièrement. Épépinez et détaillez le poivron en petits morceaux. Hachez le persil.

3 Dans un faitout, faites suer l'oignon, l'ail, le poireau et le poivron avec l'huile d'olive. Ajoutez les tomates, le bouquet garni, le persil, le safran et les morceaux de poisson. Salez et poivrez. Mélangez 2 minutes, couvrez et laissez cuire 10 minutes à feu doux. Versez 2 l d'eau bouillante, couvrez et poursuivez la cuisson 40 minutes à feu doux.

4 Retirez du feu et mixez au mixeur plongeant. Passez la soupe au tamis grille large en pressant bien pour extraire tout le jus des poissons. Rincez la cocotte et reversez-y la soupe en la filtrant à l'aide d'un tamis puis d'un chinois. Faites-la réchauffer à feu doux.

5 Confectionnez les brochettes en alternant crevettes et noix de Saint-Jacques. Poivrez, saupoudrez d'herbes de Provence, puis faites griller les brochettes à la plancha ou dans une poêle large avec un filet d'huile d'olive pendant 2 minutes de chaque côté.

6 Versez la soupe dans des cocottes individuelles. Ajoutez une brochette par-dessus à cheval et servez aussitôt.

Servez cette soupe avec de la rouille (voir p. 121) et des tranches de pain grillé.

PRÉPARATION : 30 MIN CUISSON : 30 MIN

NAGE DE SAINT-JACQUES ET SA JULIENNE DE LÉGUMES

POUR 6 PERSONNES

30 noix de Saint-Jacques
3 blancs de poireaux
4 carottes
1 oignon
2 gousses d'ail
Le zeste d'**1** orange bio
Quelques feuilles de coriandre ou de cerfeuil
Huile d'olive
Sel et **poivre** du moulin

1 Rincez les noix de Saint-Jacques. Essuyez-les avec du papier absorbant et réservez-les au frais, sous un linge propre.

2 Lavez les poireaux, épluchez les carottes, émincez l'oignon et l'ail. Taillez tous les légumes en julienne (voir p. 10).

3 Dans une sauteuse, faites suer l'oignon et l'ail avec un filet d'huile d'olive 3 minutes. Ajoutez le poireau et la carotte, et laissez cuire 3 minutes à feu doux sans colorer. Ajoutez 3 litres d'eau, salez et poivrez généreusement. Laissez cuire à feu doux 25 minutes.

4 Ajoutez le zeste d'orange et les Saint-Jacques, et poursuivez la cuisson 3 minutes – pas plus, au risque que les noix deviennent caoutchouteuses.

5 Répartissez dans les assiettes creuses et saupoudrez de feuilles de coriandre ou de cerfeuil.

Vous pouvez accompagner cette soupe de croûtons frottés à l'ail (voir p. 122).

PRÉPARATION : 30 MIN CUISSON : 45 MIN

SOUPE DE FRUITS DE MER

POUR 6 PERSONNES

800 g de langoustines crues
3 pommes de terre
8 tomates
1 oignon
2 gousses d'ail
1 ½ verre de vin blanc
2 l de moules, **3** kg de coques, **300** g de calamars ou d'encornets **ou à défaut 600** g de fruits de mer décortiqués
1 grosse noix de beurre
5 brins de persil hachés
Huile d'olive
Sel et **poivre** du moulin

1 Mettez les coquillages à tremper dans de l'eau salée pendant 1 heure afin de les dessabler. Décortiquez les langoustines en conservant toutes les carcasses. Épluchez les pommes de terre et coupez-les en tranches. Mondez et concassez les tomates. Pelez l'oignon et l'ail, émincez l'oignon.

2 Dans une sauteuse, faites revenir l'oignon avec 1 cuillerée à soupe d'huile d'olive. Ajoutez les carcasses des langoustines et laissez cuire 5 minutes à couvert. Déglacez avec 1 verre de vin blanc, salez et poivrez. Ajoutez les tomates, les pommes de terre, l'ail, puis couvrez d'eau. Laissez cuire 35 minutes à feu moyen.

3 Pendant ce temps, dans une casserole, faites chauffer les moules grattées et les coques dessablées pour les ouvrir. Décortiquez-les.

4 Faites sauter les fruits de mer , les calamars coupés en lamelles et les corps des langoustines avec un filet d'huile d'olive et le beurre 5 minutes dans une poêle. Ajoutez le demi-verre de vin restant et laissez-le s'évaporer. Réservez.

5 À la fin de la cuisson, retirez les carcasses, puis mixez la soupe au mixeur plongeant. Vous pouvez passer les carcasses au pilon afin d'en récupérer le jus pour l'ajouter à la soupe.

6 Versez la soupe dans des assiettes creuses, ajoutez les fruits de mer et saupoudrez de persil.

Vous pouvez accompagner cette soupe de croûtons (voir p. 122).

PRÉPARATION : 35 MIN CUISSON : 1 H 35

SOUPE DE HARICOTS ROUGES, BROCHETTES DE VEAU ET LARD

POUR 6 PERSONNES

250 g de haricots rouges secs
2 gousses d'ail
2 oignons
1 poivron rouge
2 tomates
1 c. à c. de piment d'Espelette
1 branche de thym
1 petit piment épépiné et haché (facultatif)
Huile d'olive
Sel et **poivre** du moulin

Pour les brochettes

4 fines escalopes de veau
12 fines tranches de lard
½ botte de persil

1 La veille, mettez les haricots rouges à tremper toute la nuit. Le jour même, faites-les cuire 1 heure dans un grand volume d'eau salé. Égouttez et réservez.

2 Épluchez l'ail et l'oignon, puis hachez-les. Pelez le poivron (si possible), épépinez-le et coupez-le en lamelles. Mondez les tomates à l'eau bouillante, rafraîchissez-les, puis détaillez-les en gros cubes. Ciselez le persil.

3 Dans un grand faitout, faites revenir les oignons, l'ail, le poivron et les tomates avec un peu d'huile d'olive 5 minutes. Ajoutez les haricots rouges et couvrez d'eau en ajoutant 5 cm environ. Salez, poivrez, ajoutez le piment d'Espelette, le thym et éventuellement le piment. Laissez cuire 30 minutes.

4 Pendant ce temps, taillez les escalopes de veau en aiguillettes. Confectionnez les brochettes en alternant aiguillettes et tranches de lard.

5 Faites cuire les brochettes dans une poêle sans matière grasse 8 minutes. Poivrez et parsemez de persil.

6 Vérifiez l'assaisonnement et rectifiez-le si nécessaire. Servez la soupe avec les brochettes.

PRÉPARATION : 20 MIN CUISSON : 35 MIN

POTAGE DE LÉGUMES DE PRINTEMPS AU POULET

POUR 6 PERSONNES

200 g de rattes
1 botte d'oignons nouveaux
6 carottes nouvelles
4 navets nouveaux
1 poireau nouveau
12 radis
1 gousse d'ail épluchée
2 branches de persil hachées
2 c. à s. d'huile d'olive
1 cube de bouillon de poule ou de légumes
Cumin en poudre
3 filets de poulet jaune
24 à **30** croûtons à l'ail (voir p. 122)
Sel et **poivre** du moulin

1. Épluchez tous les légumes. Coupez-les en julienne (voir p. 10) sauf les radis, que vous détaillerez en rondelles.

2. Dans un faitout, faites revenir les légumes, l'ail et le persil avec l'huile d'olive 2 à 3 minutes.

3. Versez 3 l d'eau, ajoutez le cube de bouillon, salez et poivrez. Laissez cuire 35 minutes.

4. Pendant ce temps, faites cuire les filets de poulet salés, poivrés et saupoudrés de cumin dans une poêle à feu doux pendant 10 minutes. Terminez la cuisson à couvert en arrêtant le feu pour que les filets restent tendres. Détaillez la viande en gros cubes.

5. Vérifiez l'assaisonnement et rectifiez-le si nécessaire. Servez la soupe avec le poulet et des croûtons à l'ail.

PRÉPARATION : 35 MIN REFROIDISSEMENT : 1 H

SOUPE

FROIDE DE CONCOMBRE ET SES TOPPINGS

POUR 6 PERSONNES

3 concombres

1 poivron vert

1 oignon

1 c. à c. de piment d'Espelette

1 c. à c. de cumin

2 c. à s. d'huile d'olive

Sel et **poivre** du moulin

Pour les toppings

1 courgette

1 jus de citron

1 c. à c. de cumin

60 tranches de bacon

ou de bresaola

6 tranches de pain de campagne

1 ou **2** briques de chèvre ou de brebis

Fines **herbes** ciselées

1. Lavez les concombres, puis épluchez-les, épépinez-les et coupez-les en gros tronçons. Saupoudrez-les de gros sel et laissez-les dégorger pendant 1 heure dans un plat creux.

2. Épluchez le poivron, puis épépinez-le. Pelez et émincez l'oignon.

3. Rincez rapidement les concombres. Placez tous les légumes dans le bol du mixeur et ajoutez l'huile d'olive, du sel, du poivre, le piment et le cumin. Mixez finement le tout. Vérifiez l'assaisonnement et rectifiez-le si nécessaire. Réservez au frais pendant 1 heure.

4. Pendant ce temps, préparez les toppings : lavez et coupez la courgette en macédoine (voir p. 11), arrosez-la de jus de citron et saupoudrez de cumin, de sel et de poivre. Faites griller les tranches de pain et tartinez-les de fromage de chèvre ou de brebis. Poivrez et parsemez de fines herbes.

5. Servez la soupe bien fraîche avec ses accompagnements.

Vous pouvez ajouter une cuillerée de fromage frais dans chaque bol de soupe froide.

LES LÉGUMES

PRÉPARATION : **20 MIN** CUISSON : **50 MIN**

POTAGE

GRAND-MÈRE AUX PETITS LÉGUMES

POUR 6 PERSONNES

4 navets
4 carottes
1 oignon
6 pommes de terre
1 gousse d'ail
2 poireaux
½ chou vert
1 saucisse fumée à cuire
300 g de lardons
2 c. à s. d'huile d'olive
1 cube de bouillon de légumes
Sel et **poivre** du moulin

1 Épluchez les navets, les carottes, l'oignon, les pommes de terre et l'ail. Lavez les poireaux. Émincez l'oignon, les poireaux et l'ail, et coupez tous les autres légumes en petites macédoines (voir p. 11). Retirez la partie centrale du chou, émincez-le et faites-le blanchir 5 minutes à l'eau bouillante. Ajoutez-le au reste des légumes. Détaillez la saucisse en gros cubes.

2 Dans un faitout, faites revenir l'oignon, l'ail et les lardons avec l'huile d'olive, sans colorer. Ajoutez les autres légumes et la saucisse, et laissez suer pendant 5 minutes. Versez 3 litres d'eau, ajoutez le cube de bouillon, salez et poivrez. Laissez cuire à feu moyen pendant 35 minutes.

3 Servez le potage bien chaud accompagné de petits croûtons frottés à l'ail (voir p. 122).

LES SOUPES EXOTIQUES

PRÉPARATION : 25 MIN **CUISSON** : 30 MIN

SOUPE THAÏE AUX LÉGUMES ET AU CANARD

POUR 6 PERSONNES

600 g de carottes

4 oignons nouveaux

2 gousses d'ail

4 cm de racine de gingembre

2 l de bouillon de volaille (voir p. 16)

1 bâtonnet de citronnelle

800 g d'aiguillettes de canard

400 g de chou chinois

1 botte de coriandre

200 g de petits pois écossés

Sauce soja

1 Épluchez les carottes et coupez-les en julienne (voir p. 10). Pelez et émincez les oignons, l'ail et le gingembre.

2 Dans une sauteuse, faites chauffer le bouillon de volaille. Ajoutez les carottes, le gingembre, l'ail et la citronnelle coupée en deux dans la longueur, et laissez cuire 20 minutes.

3 Pendant ce temps, coupez les aiguillettes de canard en petits morceaux de 4 cm de long. Émincez finement le chou chinois. Hachez la coriandre.

4 Ajoutez les petits pois dans la soupe et poursuivez la cuisson pendant 5 minutes. Ajoutez les morceaux de canard.

5 Retirez la citronnelle. Disposez le chou chinois cru dans des bols. Ajoutez 1 cuillerée à soupe de sauce soja dans chaque bol, versez le bouillon très chaud, puis répartissez les légumes et le canard. Parsemez de coriandre et servez sans attendre.

Vous pouvez accompagner cette recette d'un bol de riz thaï.

PRÉPARATION : 25 MIN CUISSON : 40 MIN

SOUPE

INDIENNE AU POULET « MULLIGATAWNY »

POUR 6 PERSONNES

1 kg de patates douces
4 carottes
2 pommes golden
3 cm de racine de gingembre
2 oignons
2 gousses d'ail
3 tomates
3 blancs de poulet sans la peau
1 c. à s. d'huile d'olive
250 g de lentilles vertes
1 c. à c. de gingembre en poudre
1 c. à c. de cumin en poudre
½ l de lait de coco
5 brins de persil
½ botte de coriandre
2 c. à s. de pâté de curry rouge
Sel et **poivre** du moulin

1 Épluchez les patates douces, les carottes, les pommes et le gingembre, puis râpez-les. Pelez et émincez l'oignon et l'ail. Mondez les tomates et coupez-les en morceaux. Coupez les blancs de poulet en morceaux.

2 Dans une cocotte, faites suer l'oignon avec l'huile d'olive sans trop colorer. Ajoutez les blancs de poulet et laissez cuire 5 minutes. Ajoutez les lentilles, les pommes, les patates douces, les carottes, l'ail, les deux gingembres ainsi que le cumin. Salez, poivrez et ajoutez le curry et les tomates. Couvrez d'eau en ajoutant 8 cm environ et laissez cuire 30 minutes. Ajoutez de l'eau en cours de cuisson si besoin.

3 Pendant ce temps, hachez le persil et la coriandre.

4 Ajoutez le lait de coco et les herbes. Poursuivez la cuisson pendant 3 minutes, puis servez aussitôt dans des bols.

PRÉPARATION : 25 MIN CUISSON : 20 MIN

SOUPE

RAMEN AU POULET

POUR 6 PERSONNES

6 œufs

300 g de nouilles ramen

300 g de pousses de haricots mungo

3 oignons nouveaux

4 blancs de poulet

2 l de bouillon de volaille (voir p. 16)

4 c. à s. de sauce soja

Poivre du moulin

1 Faites cuire les œufs 6 minutes dans de l'eau bouillante. Passez-les sous l'eau froide, puis écalez-les. Réservez-les entiers.

2 Faites cuire les nouilles dans de l'eau bouillante salée pendant 5 minutes (ou selon le temps indiqué sur le paquet). Égouttez et réservez.

3 Lavez les pousses de haricots mungo. Émincez les oignons nouveaux en conservant 5 cm de tige. Détaillez le poulet en gros morceaux.

4 Dans une cocotte, portez le bouillon de volaille à ébullition. Ajoutez la sauce soja, les oignons et le poulet, et laissez cuire 10 minutes.

5 Disposez les nouilles et les pousses de haricots mungo dans des bols. Ajoutez les morceaux de poulet et les tiges d'oignon émincées, puis arrosez de bouillon. Coupez les œufs en deux, ajoutez-les par-dessus et poivrez. Servez bien chaud.

PRÉPARATION : 30 MIN CUISSON : 30 MIN

SOUPE DE VERMICELLES DE RIZ À LA TONKINOISE

POUR 6 PERSONNES

200 g de vermicelles de riz

3 carottes

2 poireaux

4 oignons nouveaux

2 tiges de céleri branche

1 botte de coriandre

1 c. à s. d'huile neutre (colza, tournesol…)

200 g de pousses de haricots mungo

4 c. à s. de sauce soja

2 cm de racine de gingembre

2 bâtonnets de citronnelle coupées en deux dans le sens de la longueur

18 raviolis de crevettes (voir p. 12)

Poivre du moulin

1 Faites tremper les vermicelles de riz 10 minutes dans un grand volume d'eau froide.

2 Épluchez les carottes, lavez les poireaux, puis coupez-les en julienne très fine (voir p. 10). Émincez le céleri branche et les oignons nouveaux en conservant une partie de la tige. Hachez la coriandre. Pelez et râpez le gingembre.

3 Dans un faitout, faites revenir l'oignon avec l'huile jusqu'à une légère coloration. Ajoutez les poireaux, les carottes et le céleri branche. Laissez suer 3 minutes. Ajoutez les pousses de haricots mungo, la sauce soja, le gingembre et la citronnelle. Poivrez, couvrez de 3 litres d'eau et poursuivez la cuisson pendant 20 minutes.

4 Ajoutez les vermicelles, les raviolis et la coriandre hachée. Laissez cuire encore 3 minutes. Mélangez bien et servez sans attendre.

PRÉPARATION : 30 MIN CUISSON : 20 MIN

SOUPE

PHÔ DU VIETNAM

POUR 6 PERSONNES

- **4** cm de racine de gingembre
- **1** bâton de cannelle
- **1** étoile d'anis étoilé
- **2** clous de girofle
- **800** g de nouilles de riz
- **800** g de viande de bœuf (cœur de rumsteck ou filet)
- **250** g de pousses de haricots mungo
- **2** oignons nouveaux ou ciboules
- **1** piment rouge
- **1** petit bouquet de coriandre
- **1** petit bouquet de menthe
- **6** c. à s. de sauce nuoc-mâm
- Le jus de **2** citrons verts

1 Épluchez et coupez le gingembre. Faites bouillir 2,5 à 3 l d'eau. Faites-y infuser la cannelle, l'anis étoilé, les clous de girofle et le gingembre pendant 20 minutes.

2 Pendant ce temps, mettez les nouilles de riz à tremper 10 minutes dans de l'eau chaude pour les ramollir. Coupez la viande en fines tranches, puis en carrés de 5 cm de côté. Lavez les pousses de haricots mungo. Émincez les oignons ou les ciboules. Émincez le piment (épépinez-le pour diminuer son intensité). Hachez la coriandre et la menthe.

3 Répartissez les nouilles, la ciboule, les pousses de haricots, la coriandre, la menthe et le piment dans les bols. Versez par-dessus le bouillon en le filtrant à l'aide d'un chinois. Ajoutez 1 cuillerée à soupe de sauce nuoc-mâm dans chaque bol et arrosez de jus de citron vert. Laissez infuser 2 à 3 minutes avant de servir, ce qui permettra au bœuf et aux vermicelles de cuire.

PRÉPARATION : 30 MIN CUISSON : 45 MIN

SOUPE DE BOULETTES DE BŒUF À L'ORIENTALE

POUR 6 PERSONNES

Pour les boulettes

2 gousses d'ail

1 oignon

1,2 kg de viande de bœuf hachée

1 c. à c. de cumin en poudre

2 c. à c. de ras el-hanout

1 c. à c. de piment doux en poudre

1 œuf

4 c. à s. de persil haché

Sel et **poivre** du moulin

Pour la soupe

1 oignon

1 gousse d'ail

6 grosses carottes

8 pommes de terre

1 petite botte de persil

1 c. à s. de gingembre en poudre

1,5 litre de bouillon de bœuf

Huile d'olive

Sel et **poivre** du moulin

1 Préparez les boulettes : épluchez et émincez l'ail et l'oignon. Dans un saladier, mélangez la viande hachée avec les épices, l'œuf, le persil, l'ail et l'oignon. Salez et poivrez généreusement. Mélangez bien, puis formez des boulettes de 4 cm de diamètre à la main.

2 Épluchez l'oignon, l'ail, les carottes et les pommes de terre. Coupez les carottes en rondelles, les pommes de terre en huit, et émincez l'oignon et l'ail. Hachez le persil.

3 Dans une sauteuse, faites revenir l'oignon avec un filet d'huile. Ajoutez les carottes, les pommes de terre et le gingembre, et couvrez de bouillon. Ajoutez les deux tiers du persil. Laissez cuire 30 minutes à feu moyen.

4 Pendant ce temps, saisissez les boulettes dans une sauteuse à feu moyen avec un bon filet d'huile d'olive. Faites-les cuire 10 minutes environ en les tournant régulièrement.

5 Lorsque la soupe est cuite, ajoutez les boulettes et le reste du persil. Servez bien chaud.

PRÉPARATION : 35 MIN CUISSON : 50 MIN

CHORBA ALGÉROISE

POUR 6 PERSONNES

1 oignon
2 navets
3 pommes de terre
4 carottes
3 tomates
2 poireaux
4 branches de céleri
400 g de collier d'agneau
1 c. à c. de curcuma en poudre
1 c. à c. de paprika
1 c. à c. de gingembre en poudre
1 c. à s. de concentré de tomate
200 g de pois chiches cuits
1 poignée de vermicelles
½ botte de coriandre hachée
Huile d'olive
Sel et **poivre** du moulin

1 Épluchez l'oignon, les navets, les pommes de terre et les carottes, mondez les tomates, rincez les poireaux et le céleri. Émincez l'oignon et le poireau, coupez les autres légumes en macédoine (voir p. 11). Coupez la viande en gros dés.

2 Dans une cocotte, faites suer l'oignon avec un filet d'huile d'olive 3 minutes, sans colorer. Ajoutez la viande et faites revenir 5 minutes. Ajoutez ensuite les légumes coupés en macédoine, les épices et le concentré de tomate. Salez, poivrez et couvrez d'eau en ajoutant 5 cm environ. Ajoutez de l'eau en cours de cuisson si nécessaire. Laissez cuire à couvert 30 minutes.

3 Ajoutez les pois chiches, les vermicelles et la coriandre. Laissez cuire encore 10 minutes.

4 Vérifiez l'assaisonnement et rectifiez-le si nécessaire. Servez bien chaud.

PRÉPARATION : 30 MIN CUISSON : 30 MIN

HARIRA MAROCAINE

POUR 6 PERSONNES

1 oignon

300 g de céleri en branche

1 bouquet de persil

1 bouquet de coriandre

450 g de bœuf (morceau pour fondue)

1 c. à c. de gingembre en poudre

1 c. à c. de paprika

1 c. à c. de curcuma en poudre

1 pincée de cannelle en poudre

150 g de lentilles

300 g de tomates concassées

Piment en poudre (facultatif)

2 c. à s. de farine

300 g de pois chiches cuits

1 grosse poignée de vermicelles ou de cheveux d'ange

1 citron

Huile d'olive

Sel et **poivre** du moulin

1 Pelez et émincez l'oignon. Lavez et hachez le céleri, le persil et la coriandre. Coupez la viande en gros cubes.

2 Dans une cocotte, faites revenir l'oignon avec un gros filet d'huile d'olive. Ajoutez la viande, laissez dorer un peu. Ajoutez le gingembre, le paprika, le curcuma et la cannelle, puis les lentilles, les tomates, le céleri et les herbes. Salez et poivrez généreusement, ajoutez éventuellement le piment. Couvrez d'eau en ajoutant 5 cm environ. Ajoutez de l'eau en cours de cuisson si nécessaire et laissez cuire 30 minutes à feu moyen.

3 Délayez la farine dans un verre d'eau, puis versez-la dans la soupe en la filtrant à l'aide d'un chinois. Celle-ci va épaissir la soupe. Ajoutez les pois chiches et les vermicelles, et laissez cuire encore 10 minutes.

4 Vérifiez l'assaisonnement et rectifiez-le si nécessaire. Servez bien chaud en arrosant d'un filet de jus de citron.

Cette recette, qui peut aussi se préparer avec de l'agneau, se consomme traditionnellement épicée en ajoutant, selon son goût, du piment fort ou du piment doux. Pour lier davantage la soupe, vous pouvez ajouter un œuf battu en fin de cuisson.

PRÉPARATION : 20 MIN CUISSON : 3 H

BORTSCH RUSSE

POUR 6 PERSONNES

Pour le bouillon de viande

1 kg de bœuf (macreuse)
2 oignons
1 bouquet garni
2 os à moelle
4 carottes

800 g de betteraves rouges crues
6 pommes de terre
6 carottes
½ céleri-rave
3 poireaux
4 tomates
¼ de chou vert
1 c. à s. de sucre
2 c. à s. de vinaigre de vin ou de cidre
1 citron
6 c. à s. de crème fraîche
1 bouquet de persil
Huile d'olive
Sel et poivre du moulin

1 Coupez le bœuf en cubes de 3 cm de côté. Épluchez et émincez les oignons. Pelez les carottes et coupez-les en rondelles d'1 cm d'épaisseur.

2 Dans une cocotte, faites suer l'oignon avec un filet d'huile d'olive, puis ajoutez les morceaux de viande. Laissez cuire 5 minutes. Ajoutez les carottes, le bouquet garni et les os à moelle. Salez, poivrez, versez 3 l d'eau et laissez cuire pendant 1 h 30. Réservez.

3 Épluchez les betteraves, les pommes de terre, les carottes et le céleri. Émincez les betteraves, les carottes et le céleri, coupez les pommes de terre en gros dés. Lavez et coupez les poireaux en tronçons. Mondez les tomates, puis concassez-les. Retirez la partie centrale du chou et émincez-le.

4 Dans un faitout, faites suer l'ail avec un filet d'huile d'olive. Ajoutez les betteraves, les tomates, les carottes, le céleri, le sucre et le vinaigre. Laissez cuire pendant 1 heure.

5 Pendant ce temps, faites cuire les pommes de terre et le chou dans le bouillon de viande pendant 20 minutes. Hachez le persil.

6 Mélangez la viande, les légumes et le bouillon, et faites cuire le tout 30 minutes. Vérifiez l'assaisonnement et rectifiez-le si nécessaire.

7 Répartissez la soupe dans de grandes assiettes creuses. Ajoutez 1 cuillerée à soupe de crème épaisse dans chacune d'elles et parsemez de persil.

PRÉPARATION : 30 MIN CUISSON : 25 MIN

DAHL

DE LENTILLES AU LAIT DE COCO ET RIZ BASMATI

POUR 6 PERSONNES

2 gousses d'ail
3 cm de racine de gingembre
2 oignons
500 g de lentilles corail
4 tomates
1 c. à s. d'huile d'olive ou de ghee
1 c. à c. de graines de moutarde
2 c. à c. de curcuma en poudre
1 c. à c. de garam masala
1 c. à c. de cumin en poudre
50 cl de lait de coco
350 g de riz basmati
1 bouquet de coriandre
200 g de noix de cajou

1 Pelez et hachez l'ail, le gingembre et les oignons. Rincez les lentilles. Lavez, épépinez les tomates et coupez-les en morceaux.

2 Dans une sauteuse, faites chauffer l'huile ou le ghee, ajoutez les épices et l'oignon et laissez suer 2 minutes. Ajoutez les lentilles, l'ail, le gingembre, les tomates et le lait de coco. Couvrez d'eau en ajoutant 5 cm environ. Ajoutez de l'eau en cours de cuisson si nécessaire et laissez mijoter 20 minutes à feu moyen.

3 Pendant ce temps, faites cuire le riz basmati au cuiseur à riz ou 10 minutes dans de l'eau bouillante salée. Lavez et hachez la coriandre, concassez les noix de cajou.

4 Disposez le riz dans des assiettes creuses. Ajoutez par-dessus le dahl, parsemez de coriandre et de noix de cajou.

Vous pouvez accompagner cette soupe-repas de brochettes de crevettes grillées.

PRÉPARATION : 30 MIN CUISSON : 25 MIN

SOUPE DE CREVETTES AU CURRY

POUR 6 PERSONNES

36 à **50** crevettes ou gambas crues

300 g de petits pois décortiqués

1 courgette

1 fenouil

2 carottes

1 oignon

2 gousses d'ail

5 cm de racine de gingembre

1 c. à s. d'huile d'olive

1 à **2** c. à s. de curry en pâte (doux ou fort, selon votre goût)

2 bâtonnets de citronnelle coupés en deux

1 l de lait de coco

1 bouquet de coriandre

Sel et **poivre** du moulin

1 Décortiquez les crevettes. Lavez les petits pois, la courgette et le fenouil, épluchez les carottes, l'oignon et l'ail. Coupez la courgette et les carottes en bâtonnets, émincez le fenouil, l'ail et l'oignon. Épluchez et râpez le gingembre.

2 Dans une sauteuse, faites revenir l'oignon et l'ail avec l'huile d'olive 3 minutes sans colorer. Ajoutez la pâte de curry et laissez revenir 1 minute de plus. Ajoutez les autres légumes ainsi que le gingembre et les bâtonnets de citronnelle. Versez le lait de coco ainsi que 50 cl d'eau. Laissez cuire 15 minutes.

3 Ajoutez les crevettes et poursuivez la cuisson 5 minutes. Retirez la citronnelle.

4 À la dernière minute, hachez la coriandre et jetez-la dans la soupe. Servez aussitôt.

Vous pouvez accompagner cette soupe d'un bol de riz thaï.

PRÉPARATION : 20 MIN CUISSON : 10 MIN

SOUPE DE COQUES À L'ITALIENNE

POUR 6 PERSONNES

1,2 kg de coques ou de palourdes

4 gousses d'ail

1 oignon

2 tomates

1 bouquet de persil

3 c. à s. de sauce tomate au basilic

1 petit verre de vin blanc

600 g de *linguine*

Huile d'olive

Sel et **poivre** du moulin

1 Mettez les coquillages à tremper dans de l'eau salée pendant 1 heure afin de les dessabler.

2 Épluchez l'ail et l'oignon, puis hachez-les. Mondez les tomates après les avoir plongées dans de l'eau bouillante. Retirez les pépins et concassez-les. Hachez le persil.

3 Dans une cocotte, mettez les coquillages, l'oignon, l'ail et la moitié du persil haché. Ajoutez les tomates, la sauce tomate, le vin et 1 litre d'eau. Salez légèrement, poivrez généreusement. Faites chauffer à couvert jusqu'à ce que les coquillages soient tous ouverts (entre 5 et 8 minutes). À la fin de la cuisson, décortiquez la moitié des coques. Réservez les autres pour le décor.

4 Pendant ce temps, faites cuire les *linguine* dans de l'eau bouillante salée 8 à 10 minutes, selon les indications du paquet. Égouttez-les, puis arrosez-les d'un gros filet d'huile d'olive.

5 Disposez les *linguine* dans des assiettes creuses. Ajoutez les coquillages, arrosez du jus de la soupe et parsemez de persil.

PRÉPARATION : 30 MIN CUISSON : 2 H 15

SOUPE

DE POIS CHICHES, CURCUMA ET CONFIT DE CITRON

POUR 6 PERSONNES

500 g de pois chiches secs

2 citrons confits au sel

1 oignon haché

2 gousses d'ail hachées

1 c. à s. de crème fraîche

1 c. à c. de gingembre frais râpé

1 c. à c. de curcuma frais râpé ou en poudre

1 pincée de cumin

Quelques brins de coriandre hachés

Huile d'olive

Sel et **poivre** du moulin

1 La veille, mettez les pois chiches à tremper toute la nuit. Le jour même, faites-les cuire 2 heures dans un grand volume d'eau salée. Égouttez-les et réservez.

2 Faites dessaler les citrons 2 minutes dans une casserole d'eau chaude. Coupez-les en fines tranches.

3 Dans une sauteuse, faites revenir l'oignon et l'ail avec un filet d'huile d'olive 3 minutes. Ajoutez les pois chiches et couvrez d'eau en ajoutant 5 cm environ. Ajoutez la crème fraîche, le gingembre, le curcuma et le cumin. Salez, poivrez et laissez cuire 15 minutes.

4 Mixez au mixeur plongeant. Ajoutez un peu d'eau pour rectifier la consistance si nécessaire. Parsemez la soupe de tranches de citron confit et de coriandre hachée. Servez-la accompagnée de tartines de pain grillé avec des citrons confits.

PRÉPARATION : 30 MIN CUISSON : 40 MIN

SOUPE DE LENTILLES CORAIL AUX ÉPICES ET POULET AU PAPRIKA

POUR 6 PERSONNES

2 gousses d'ail

2 oignons

4 pommes de terre

4 tomates

1 c. à c. de graines **de** moutarde

600 g de lentilles corail

2 c. à c. de garam masala

1 c. à c. de gingembre en poudre

1 c. à c. de cumin

3 blancs de poulet

1 c. à c. de paprika

1 petit bouquet de basilic thaï ou de coriandre

Huile d'olive

Sel et **poivre** du moulin

1 Épluchez et émincez l'ail, les oignons et les pommes de terre. Mondez les tomates, puis concassez-les.

2 Dans une cocotte, faites griller les graines de moutarde avec un gros filet d'huile d'olive pendant 2 minutes. Ajoutez ensuite l'oignon et l'ail, et laissez suer 2 minutes. Ajoutez les lentilles corail, les tomates, les pommes de terre, le garam masala, le gingembre et le cumin. Versez 2 l d'eau et laissez cuire 30 minutes.

3 Pendant ce temps, coupez les blancs de poulet en aiguillettes. Salez, poivrez et saupoudrez de paprika. Faites-les cuire environ 5 minutes au gril ou sur une plancha. Hachez le basilic thaï ou la coriandre.

4 Mixez la soupe au mixeur plongeant. Vous pouvez aussi simplement écraser les pommes de terre au presse-purée pour plus de consistance.

5 Parsemez de basilic thaï ou de coriandre et servez.

PRÉPARATION : 30 MIN CUISSON : 20 MIN

GASPACHO ANDALOU ET SES TAPAS

POUR 6 PERSONNES

1 petite gousse d'ail
1 oignon
18 tomates bien mûres
4 poivrons rouges
3 brins de basilic + quelques feuilles pour le décor
½ piment (facultatif)
Sel et **poivre** du moulin

Pour les tapas
3 poivrons verts
200 g d'olives vertes et noires
300 g de jambon persillé en chiffonnade

1 Épluchez et hachez l'ail et l'oignon. Mondez les tomates (après les avoir plongées dans de l'eau bouillante si nécessaire). Épépinez-les. Placez les poivrons rouges sur une plaque à four et faites-les rôtir 30 minutes à 220 °C (th. 7-8). Au sortir du four, placez-les aussitôt dans un sac plastique : ils vont ainsi « transpirer » et s'éplucheront plus facilement. Sortez-les au bout de 5 minutes, puis pelez-les et épépinez-les.

2 Placez les tomates, l'oignon, le poivron rouge et le basilic dans le bol de votre mixeur. Salez, poivrez et ajoutez éventuellement le piment. Mixez finement.

3 Coupez les poivrons verts en macédoine (voir p. 11). Disposez-les ainsi que les autres tapas dans des soucoupes.

4 Servez le gaspacho dans des bols, poivrez et décorez avec quelques feuilles de basilic.

LES VELOUTÉS ET LES CRÉMEUX

PRÉPARATION : 30 MIN CUISSON : 40 MIN

VELOUTÉ

DE COURGETTES, PÉTALES DE BACON ET CROÛTONS AU CHÈVRE

POUR 6 PERSONNES

2 kg de courgettes

2 gousses d'ail

2 oignons

2 pommes de terre

1 bouquet de persil plat

200 g de crème liquide

30 croûtons (voir p. 122)

½ bûche de chèvre

150 g de bacon finement tranché

12 feuilles de sauge

Cumin en poudre

Huile d'olive

Sel et **poivre** du moulin

1 Lavez les courgettes et coupez-les en tranches. Réservez quelques fines tranches pour le décor. Épluchez l'ail et les oignons. Pelez les pommes de terre et coupez-les en quatre. Hachez le persil en conservant les tiges.

2 Dans un faitout, faites suer l'oignon et l'ail avec 2 cuillerées à soupe d'huile d'olive 3 minutes, sans colorer. Ajoutez les courgettes, les pommes de terre, le persil haché et 1 cuillerée à café de cumin. Salez, poivrez et couvrez d'eau à hauteur. Laissez cuire 35 minutes.

3 Ajoutez la crème et poursuivez la cuisson pendant 5 minutes. Mixez le tout au mixeur plongeant. Ajoutez de l'eau pour rectifier la consistance si nécessaire.

4 Versez la soupe dans les bols. Ajoutez quelques croûtons recouverts de petits morceaux de chèvre et de morceaux de bacon et les fines tranches de courgette. Saupoudrez de cumin, parsemez de sauge et arrosez d'un filet d'huile d'olive.

PRÉPARATION : 30 MIN CUISSON : 35 MIN

VELOUTÉ DE PETITS POIS, BRESAOLA ET AMANDES

POUR 6 PERSONNES

2 kg de petits pois frais (ou surgelés) + **200 g** pour le décor

2 pommes de terre

1 oignon

1 c. à s. d'huile d'olive

200 g de fromage de chèvre très frais

150 g d'amandes concassées

1 petit bouquet de menthe ou de persil

Pour les tartines

12 à **18** tranches de bresaola

6 grandes tranches de pain noir

250 g de chèvre frais

1 Écossez les petits pois si nécessaire. Épluchez les pommes de terre et coupez-les en quatre. Pelez et émincez l'oignon.

2 Dans un faitout, faites suer l'oignon avec l'huile d'olive pendant 3 minutes, sans colorer. Ajoutez les 2 kg de petits pois et les pommes de terre, et couvrez d'eau. Salez, poivrez, puis laissez cuire 30 minutes.

3 Pendant ce temps, faites cuire *al dente* les petits pois réservés au décor dans de l'eau bouillante. Retirez-les et plongez-les dans l'eau glacée pour fixer la couleur. Réservez. Poêlez les tranches de bresaola 2 minutes sans matière grasse. Faites griller le pain, tartinez-le de chèvre et déposez la bresaola par-dessus.

4 Lorsque la soupe est cuite, ajoutez le chèvre et mixez. Vérifiez l'assaisonnement et rectifiez-le si nécessaire.

5 Versez la soupe dans des bols, parsemez de petits pois et d'amandes. Servez avec les tartines.

PRÉPARATION : 20 MIN CUISSON : 35 MIN

VELOUTÉ DE CRESSON ET LARD GRILLÉ

POUR 6 PERSONNES

3 bottes de cresson
600 g de pommes de terre
2 gousses d'ail
2 oignons
1 c. à s. d'huile d'olive
1 pincée de cumin en poudre
12 tranches de lard
1 c. à s. de crème épaisse
1 poignée de graines mélangées (courge, tournesol…)
Sel et poivre du moulin

1. Lavez abondamment le cresson et coupez-le grossièrement. Épluchez les pommes de terre, puis coupez-les en quatre. Épluchez et émincez l'ail et les oignons.

2. Dans un grand faitout, faites revenir l'ail et l'oignon avec l'huile d'olive. Laissez suer 5 minutes, puis ajoutez les pommes de terre et le cresson. Couvrez d'eau à hauteur, salez, poivrez et ajoutez le cumin. Laissez cuire 30 minutes.

3. Pendant ce temps, faites griller le lard dans une poêle sans ajouter de matière grasse pendant 5 minutes. Réservez. Vous pouvez le détailler en lamelles.

4. Mixez les légumes au mixeur plongeant avec la crème. Ajoutez de l'eau pour rectifier la consistance si nécessaire. Versez le velouté dans des bols, ajoutez 2 tranches de lard et saupoudrez de graines.

PRÉPARATION : 10 MIN CUISSON : 40 MIN

VELOUTÉ

DE BROCOLIS ET DE POMMES VERTES, PIGNONS ET JAMBON SERRANO

POUR 6 PERSONNES

1 kg de brocolis

3 pommes Granny Smith

2 oignons

1 cm de racine **de** gingembre

1 c. à s. d'huile d'olive

4 branches de persil

50 g de pignons de pin torréfiés

12 tranches de jambon Serrano

Quelques **croûtons**

Sel et **poivre** du moulin

1 Lavez les brocolis, puis coupez-les en ne conservant que les bouquets. Épluchez les pommes, épépinez-les et coupez-les en gros cubes. Pelez et émincez les oignons. Épluchez et râpez le gingembre.

2 Dans un faitout, faites revenir l'oignon avec l'huile d'olive pendant 2 minutes. Ajoutez les brocolis, les pommes et couvrez d'eau à hauteur. Salez, poivrez et ajoutez les branches de persil et le gingembre. Poursuivez la cuisson 35 minutes à feu moyen.

3 Mixez, ajoutez de l'eau pour rectifier la consistance si nécessaire. Vérifiez l'assaisonnement et rectifiez-le si nécessaire. Servez votre soupe bien chaude, accompagnée des pignons de pin, de jambon Serrano et de croûtons.

Vous pouvez aussi opter pour une version glacée servie en verrines, surmontée d'une petite cuillerée de fromage blanc assaisonné de sel et de piment doux.

PRÉPARATION : 30 MIN CUISSON : 40 MIN

CRÉMEUX

DE BUTTERNUT AU SAFRAN ET AUX TROIS FROMAGES

POUR 6 PERSONNES

1 oignon
1 gousse d'ail
2 kg de courge butternut
3 brins de persil
3 pistils de safran
1 c. à s. de crème entière
2 chèvres cendrés
2 fromages de brebis frais
300 g de morbier crémeux
1 bouquet de ciboulette
Huile d'olive
Sel et **poivre** du moulin

1 Épluchez l'oignon et l'ail, puis émincez-les. Épluchez la butternut, épépinez-la et coupez-la en gros cubes. Hachez le persil.

2 Dans une sauteuse, faites suer l'oignon 3 minutes dans un filet d'huile d'olive. Ajoutez la butternut et l'ail. Salez, poivrez, puis ajoutez le safran et le persil. Couvrez d'eau à hauteur et portez à ébullition. Baissez le feu, couvrez et laissez mijoter à feu doux 30 minutes.

3 Mixez au mixeur plongeant, puis ajoutez la crème. Ajoutez de l'eau pour rectifier la consistance si nécessaire. Vérifiez l'assaisonnement et rectifiez-le si nécessaire.

4 Coupez les fromages en dés et ciselez la ciboulette.

5 Servez la soupe dans de grands bols, parsemez de ciboulette et ajoutez quelques dés de fromages. Proposez le reste de fromage à volonté.

PRÉPARATION : **10 MIN** **CUISSON** : **50 MIN**

MOULINÉ DE NAVETS, NOISETTES ET LARDONS

POUR 6 PERSONNES

1,3 kg de navets
1 pomme de terre
1 oignon rouge
½ bouquet de cerfeuil
1 c. à s. d'huile d'olive
100 g de noisettes décortiquées
300 g de lardons
250 g de crème liquide
3 branches de persil
Sel et **poivre** du moulin

1 Épluchez les navets et la pomme de terre, puis coupez-les en quatre. Pelez et émincez l'oignon. Lavez, séchez et ciselez le cerfeuil.

2 Dans une cocotte, faites revenir l'oignon avec l'huile d'olive 5 minutes. Ajoutez les navets, la pomme de terre et la moitié des noisettes. Salez, poivrez et couvrez d'eau à hauteur. Laissez cuire 45 minutes à feu moyen en ajoutant de l'eau au cours de la cuisson si nécessaire.

3 Pendant ce temps, concassez grossièrement le reste des noisettes. Faites revenir les lardons dans une poêle sans matière grasse.

4 Versez la crème liquide dans la cocotte et mixez le tout au mixeur plongeant. Ajoutez de l'eau pour rectifier la consistance si nécessaire.

5 Servez la soupe dans des assiettes creuses. Ajoutez les lardons et décorez avec les éclats de noisettes et les branches de persil.

Vous pouvez remplacer les noisettes par des amandes.

PRÉPARATION : **30 MIN** CUISSON DE LA SOUPE : **45 MIN** CUISSON DES CHIPS : **1 H 30**

CRÉMEUX

D'ÉPINARDS, CHIPS DE POIRES ET CHÈVRE

POUR 6 PERSONNES

4 poires

2 kg d'épinards frais

4 grosses pommes de terre

2 gousses d'ail

2 oignons

1 c. à s. d'huile d'olive

200 g de crème liquide entière

1 bûche de chèvre fraîche

1 bouquet d'herbes de saison (basilic ou persil)

Sel et **poivre** du moulin

1 Coupez deux poires en fines tranches, essuyez-les pour enlever un maximum de jus, et déposez-les sur une plaque allant au four recouverte de papier sulfurisé. Faites cuire les chips 1 h 30 à 100 °C (th. 3-4).

2 Lavez les épinards, puis supprimez les plus grosses côtes. Épluchez les pommes de terre et coupez-les en quatre. Épluchez les gousses d'ail et les oignons, puis émincez-les.

3 Dans une sauteuse, versez l'huile d'olive et faites suer l'ail et l'oignon sans colorer 3 minutes. Ajoutez les pommes de terre, et laissez cuire 3 minutes de plus. Ajoutez les épinards. Laissez-les « tomber », puis couvrez d'eau en ajoutant 5 cm environ. Salez, poivrez, puis laissez cuire 30 minutes en ajoutant un peu d'eau si besoin.

4 Pendant ce temps, détaillez les 2 poires restantes en petits dés. Coupez le chèvre en cubes. Hachez les fines herbes. Réservez.

5 Versez la crème liquide dans la soupe. Laissez réduire 5 minutes, puis mixez à l'aide d'un mixeur plongeant. Ajoutez de l'eau pour rectifier la consistance si nécessaire. Vérifiez l'assaisonnement et rectifiez-le si nécessaire.

6 Versez le crémeux dans des bols et ajoutez des morceaux de chèvre et de poire, ainsi que quelques chips. Saupoudrez d'herbes hachées et servez aussitôt.

PRÉPARATION : 25 MIN CUISSON : 35 MIN

VELOUTÉ DE POTIMARRON AU LARD ET GRAINES DE COURGES

POUR 6 PERSONNES

1 oignon
1 gousse d'ail
2,5 kg de potimarron
3 brins de persil
1 c. à c. de cumin
18 fines tranches de lard
50 g de graines de courge
1 c. à s. de crème fraîche entière
Huile d'olive
Sel et **poivre** du moulin

1 Épluchez l'oignon et l'ail, et émincez-les. Épluchez le potimarron, épépinez-le et coupez-le en gros cubes. Ciselez le persil.

2 Dans une sauteuse, faites suer l'oignon avec un filet d'huile d'olive pendant 3 minutes. Ajoutez le potimarron et l'ail. Salez, poivrez, puis ajoutez le cumin et le persil. Couvrez d'eau en ajoutant 5 cm environ. Portez à ébullition, couvrez et laissez mijoter 30 minutes à feu doux.

3 Pendant ce temps, faites griller le lard au four ou dans une poêle sans matière grasse. Torréfiez les graines de courge (voir p. 125).

4 Mixez la soupe au mixeur plongeant. Ajouter de l'eau pour rectifier la consistance si nécessaire. Ajoutez la crème fraîche. Vérifiez l'assaisonnement et rectifiez-le si nécessaire.

5 Servez la soupe dans de grands bols. Disposez 3 tranches de lard et parsemez de graines de courge.

Vous pouvez accompagner cette soupe d'une bruschetta de fromage frais de brebis ou de chèvre (voir p. 123).

PRÉPARATION : 20 MIN CUISSON : 40 MIN

CRÉMEUX

DE POMME DE TERRE À L'AIL FUMÉ D'ARLEUX ET MITONNÉ DE PINTADE

POUR 6 PERSONNES

½ pintade

1 verre de vin blanc

100 g d'ail fumé d'Arleux épluché et coupé en deux + **2** gousses entières

1 bouquet garni

1 oignon haché

600 g de pommes de terre épluchées et coupées en quatre

1 cube de bouillon de volaille

1 branche de thym

1 feuille de laurier

100 g de crème liquide entière

Quelques feuilles de **roquette**

Huile d'olive

Sel et **poivre** du moulin

1 Dans une sauteuse, faites revenir la demi-pintade sur toutes les faces avec un peu d'huile d'olive. Ajoutez le vin blanc, les 2 gousses d'ail en chemise et le bouquet garni. Laissez cuire 40 minutes en retournant régulièrement. À la fin de la cuisson, détaillez la chair de pintade en gros cubes et ôtez la peau.

2 Pendant ce temps, faites suer l'oignon dans une sauteuse avec une cuillerée à soupe d'huile d'olive. Ajoutez les pommes de terre et l'ail coupé, et laissez cuire 5 minutes. Versez 2 l d'eau bouillante et ajoutez le cube de bouillon. Salez, poivrez, puis ajoutez le thym et le laurier. Laissez cuire 30 minutes.

3 Lorsque les pommes de terre sont cuites, retirez le thym et le laurier. Ajoutez la crème liquide entière et mixez le tout au mixeur plongeant.

4 Servez la soupe dans de grandes assiettes creuses. Ajoutez les morceaux de pintade ainsi que quelques feuilles de roquette.

PRÉPARATION : 15 MIN CUISSON : 40 MIN

VELOUTÉ

DE POMMES DE TERRE ET D'ARTICHAUTS, ALLUMETTES DE JAMBON

POUR 6 PERSONNES

12 artichauts Camus

600 g de pommes de terre Blue Belle

300 g d'oignons

100 g de beurre

2 tranches épaisses (environ 400 g) de jambon blanc

3 jaunes d'œufs

20 cl de crème fraîche

Sel et **poivre** du moulin

1 Ôtez les feuilles et le foin des artichauts, détaillez les fonds en dés. Pelez les pommes de terre et les oignons, puis émincez-les.

2 Dans une casserole, faites revenir les fonds d'artichauts et les oignons avec le beurre à feu doux sans colorer. Versez 3 litres d'eau et ajoutez les pommes de terre. Salez, poivrez et faites cuire à couvert 30 minutes.

3 Pendant ce temps, coupez les tranches de jambon en allumettes. Délayez les jaunes d'œufs dans la crème. Réservez.

4 Mixez les légumes. Portez la soupe à ébullition puis, hors du feu, ajoutez les jaunes d'œufs. Versez dans des bols et parsemez d'allumettes de jambon.

Vous pouvez servir cette soupe accompagnée de petits feuilletés (voir p. 131) ou de croûtons de pain de seigle (voir p. 122).

PRÉPARATION : 15 MIN CUISSON : 40 MIN

CRÉMEUX

DE PATATES DOUCES ET CHIPS DE COPPA

POUR 6 PERSONNES

2 gousses d'ail
1 oignon
2 kg de patates douces
2 pommes de terre
2 c. à s. d'huile d'olive
18 tranches de coppa
5 cl de lait de coco
Sel et **poivre** du moulin

1 Épluchez l'ail, l'oignon, les patates douces et les pommes de terre. Émincez l'ail et l'oignon. Coupez les patates douces en gros dés, les pommes de terre en morceaux. Préchauffez le four à 220 °C (th. 7-8).

2 Dans un faitout, faites suer l'oignon et l'ail avec l'huile d'olive. Laissez cuire 3 minutes sans colorer. Ajoutez les dés de patate douce et les pommes de terre en morceaux. Salez, poivrez et laissez cuire 35 minutes.

3 Pendant ce temps, déposez les tranches de coppa sur une plaque à four recouverte de papier sulfurisé, enfournez et laissez cuire 3 à 5 minutes. Réservez.

4 Lorsque les légumes sont cuits, ajoutez le lait de coco, puis mixez au mixeur plongeant. Servez le crémeux sans attendre, accompagné des tranches de coppa grillées.

LES ACCOMPAGNEMENTS

LA ROUILLE

POUR 6 PERSONNES

1 poignée de mie de pain de campagne

Bouillon de légumes

2 gousses d'ail

2 jaunes d'œufs

1 grosse c. à s. de moutarde

2 c. à c. d'épices à rouille ou de paprika

1 pincée de piment d'Espelette en poudre

1 pincée de safran en poudre

Huile d'arachide ou de colza

Sel et **poivre** du moulin

1 Mettez la mie de pain à tremper 5 minutes dans un bouillon de légumes. Écrasez les gousses d'ail au pilon.

2 Dans un bol, mélangez les jaunes d'œuf avec la moutarde, puis émiettez la mie de pain dans cette préparation. Montez la rouille comme une mayonnaise, c'est-à-dire en ajoutant l'huile petit à petit et en faisant des pauses.

3 Lorsque la rouille est montée, ajoutez les épices à rouille ou le paprika, l'ail, le piment et le safran. Salez et poivrez.

Cette sauce peut se conserver 3 jours au frais.

POUR ACCOMPAGNER...
vos soupes de poisson, cotriades et soupes de fruits de mer, rien ne vaut cette recette indémodable, à déguster avec des croûtons et du fromage fondu !

POUR ACCOMPAGNER...

Qu'ils soient au beurre, à l'huile, au pesto ou aux tomates confites, les petits croûtons subliment les soupes en leur apportant croquant et saveurs !

Pour les réaliser, utilisez de la baguette, fraîche ou sèche, que vous couperez en tranches fines. Faites chauffer un peu d'huile d'olive ou de beurre dans une poêle, et faites-y dorer les croûtons jusqu'à ce qu'ils soient blonds. Débarrassez-les ensuite sur du papier sulfurisé.

LE PAIN

LE FESTIVAL DES CROÛTONS

Aromatisez les croûtons

Frottez les croûtons à l'ail pour les parfumer. Il est aussi possible de les tartiner de pesto de basilic ou de roquette. Vous pouvez également mixer des tomates confites avec de l'huile d'olive et en tartiner les croûtons.

Croûtons light

Pour une version plus légère, faites dorer les croûtons au four sur une plaque, sans ajouter de matière grasse.

POUR ACCOMPAGNER…
vos soupes et veloutés, pourquoi ne pas proposer des bruschettas ? Le principe est simple : on réalise des tartines de fromage de chèvre, de vache ou de brebis que l'on fait ensuite gratiner. Au sortir du four, on ajoute tomates, tomates confites, jambon cru ou cuit…

LES PETITES BRUSCHETTAS *on the side*

Bruschetta chèvre-basilic

Disposez des tranches de pain de campagne sur une plaque à four. Arrosez d'un filet d'huile d'olive, puis ajoutez quelques tranches de chèvre demi-frais. Salez, poivrez et saupoudrez de cumin. Faites gratiner 5 minutes au four.

Bruschetta brebis-viande des Grisons

Disposez des tranches de pain de campagne sur une plaque à four. Arrosez d'un filet d'huile d'olive, puis ajoutez quelques tranches de fromage frais de brebis. Salez, poivrez et saupoudrez de curcuma. Faites gratiner 5 minutes. Au sortir du four, ajoutez des tranches de viande des grisons.

Bruschetta reblochon-tomates confites

Disposez des tranches de pain de campagne sur une plaque à four. Arrosez d'un filet d'huile d'olive, puis ajoutez quelques tranches de reblochon. Salez, poivrez et saupoudrez de piment d'Espelette. Ajoutez également quelques morceaux de tomate confite. Faites gratiner 5 minutes. Au sortir du four, ajoutez quelques feuilles de basilic ou de roquette.

POUR PERSONNALISER...
vos soupes, vous pouvez y intégrer toute sorte de petits ingrédients hachés menus.

LES HACHÉS MENUS

Les oléagineux et les graines
Hachez ou concassez amandes, noisettes, noix, noix de cajou, pignons de pin, pistaches...

Les produits frais
Vous pouvez aussi hacher des œufs durs, des tranches de jambon cru, de la viande des Grisons, du jambon blanc...

Les légumes
Émincez avocats, poivrons, concombres ou encore tomates cerises pour agrémenter vos soupes fraîches.

LES

TORRÉFIÉS

Les graines
Sésame, graines de lin, de courge…

Les oléagineux
Amandes, noisettes, pignons de pin, noix, noix de cajou…

À vous de jouer !

POUR ACCOMPAGNER…

vos soupes et bouillons, vous pouvez ajouter des ingrédients torréfiés, c'est-à-dire blondis à la poêle ou au four sans matière grasse afin de révéler toutes leurs saveurs.

À la poêle, la réalisation est très rapide, 2 à 3 minutes, mais il faut remuer sans cesse les graines au risque qu'elles brûlent.

PRÉPARATION : 20 MIN CUISSON : 20 MIN

LES CRACKERS SALÉS

POUR 20 CRACKERS

20 g de flocons d'avoine

20 g de graines de sésame

25 g de graines de lin
et de courge

80 g de farine de sarrasin

30 g de comté
ou de parmesan râpé

1 pincée de sel

1 pincée de poivre moulu

30 g d'huile d'olive
+ un peu pour la plaque

1 Préchauffez le four à 180 °C (th. 6). Dans un saladier, mélangez les flocons d'avoine, le sésame, les graines de lin et de courge, la farine de sarrasin, le comté ou le parmesan, le sel et le poivre. Mélangez bien, ajoutez 80 cl d'eau et enfin l'huile d'olive. Remuez jusqu'à l'obtention d'un mélange pâteux.

2 Huilez légèrement un morceau de papier sulfurisé et placez-le sur une plaque à four. Déposez le mélange dessus, puis placez une deuxième feuille par-dessus. Aplatissez le tout finement au rouleau. Retirez la feuille supérieure et enfournez 20 minutes.

3 Au sortir du four, coupez les crackers à l'aide d'un couteau sans chercher à les décoller. Laissez sécher et refroidir, puis recassez à la main.
Ces crackers se conservent 1 semaine maximum dans une boîte en métal.

LES GRAINES

PRÉPARATION : 10 MIN CUISSON : 30 MIN

LE GRANOLA SALÉ AU PARMESAN

POUR 200 G DE GRANOLA (4 À 6 PERSONNES)

60 g de parmesan

100 g de flocons d'avoine

100 g de graines mélangées (pavot, sésame, tournesol, courge...)

1 c. à c. de cumin en poudre

1 c. à s. de sel

1 c. à c. de poivre

1 blanc d'œuf

50 g d'huile de noix + un peu pour la plaque

1. Préchauffez le four à 160 °C (th. 5-6). Mixez finement le parmesan.

2. Dans un saladier, mélangez les flocons d'avoine avec les graines mélangées, le cumin, le sel, le poivre et le parmesan. Mélangez bien. Ajoutez le blanc d'œuf et l'huile, et mélangez généreusement.

3. Huilez légèrement un morceau de papier sulfurisé et placez-le sur une plaque à four. Répartissez le mélange dessus et enfournez 30 minutes en mélangeant le granola à mi-cuisson.

4. Au sortir du four, laissez refroidir. Ce granola se conserve dans un bocal pendant 1 mois et accompagnera toutes sortes de soupes traditionnelles.

PRÉPARATION : 15 MIN CUISSON : 15 À 20 MIN

LES FEUILLETÉS AUX ÉPICES

POUR 4 PERSONNES

300 g de pâte feuilletée

1 jaune d'œuf battu avec 1 filet d'eau

Fleur de **sel**

Poivre 3 grains moulu

1 c. à c. de cumin en poudre

1 c. à c. de piment d'Espelette en poudre

Huile d'olive

1 Préchauffez le four à 180 °C (th. 6).

2 Étalez la pâte feuilletée assez finement, puis dorez-la avec le jaune d'œuf. Coupez les feuilletés dans la forme choisie et disposez-les sur une plaque à four recouverte de papier sulfurisé légèrement huilé. Saupoudrez de fleur de sel, de poivre, de cumin et de piment d'Espelette.

3 Enfournez et laissez cuire jusqu'à ce que les feuilletés soient bien dorés (15 à 20 minutes).

PRÉPARATION : 15 MIN CUISSON : 15 À 20 MIN

LES
PALMIERS AUX ESCARGOTS

POUR 4 PERSONNES

Pour le beurre d'ail

1 gousse d'ail

50 g de beurre mou

5 tiges de persil

1 pincée de sel

300 g de pâte feuilletée

12 escargots au naturel égouttés

1 jaune d'œuf battu avec 1 filet d'eau

Huile d'olive

Fleur de **sel**

Poivre 3 grains moulu

1 Préparez le beurre d'ail : pelez la gousse d'ail, puis mixez-la avec le beurre, le persil et le sel. Réservez à température ambiante.

2 Préchauffez le four à 180 °C (th. 6). Mixez les escargots avec le beurre d'ail. Abaissez la pâte feuilletée assez finement, puis étalez la préparation dessus. Ramenez les deux extrémités de la pâte vers le centre en les enroulant afin de former des palmiers. Coupez en fines tranches.

3 Dorez les palmiers avec le jaune d'œuf, puis disposez-les sur une plaque à four recouverte de papier sulfurisé légèrement huilé. Saupoudrez de fleur de sel, poivrez.

4 Enfournez et laissez cuire jusqu'à ce que les feuilletés soient dorés (15 à 20 minutes).

PRÉPARATION : 15 MIN CUISSON : 15 À 20 MIN

LES PALMIERS À LA TAPENADE

POUR 4 PERSONNES

Pour la tapenade
80 g d'olive noire
3 c. à s. d'huile d'olive

300 g de pâte feuilletée
1 jaune d'œuf battu avec 1 filet d'eau
Huile d'olive
Fleur de **sel**

1 Préparez la tapenade : mixez les olives avec l'huile d'olive. N'hésitez pas à ajouter un peu d'huile si elle est trop épaisse.

2 Préchauffez le four à 180 °C (th. 6). Abaissez la pâte feuilletée assez finement et étalez la tapenade dessus. Ramenez les deux extrémités de la pâte vers le centre en les enroulant afin de former des palmiers. Coupez en fines tranches.

3 Dorez les palmiers avec le jaune d'œuf et disposez-les sur une plaque à four recouverte de papier sulfurisé légèrement huilé. Salez avec la fleur de sel.

4 Enfournez et laissez cuire jusqu'à ce que les feuilletés soient bien dorés (15 à 20 minutes).

INDEX

INDEX DES RECETTES PAR PRODUIT

Remerciements de l'auteur

Merci à de Buyer pour leur moule à pâté en croûte cocktail : www.debuyer.com

Merci à tous les chefs qui ont accepté de nous confier une recette et en particulier à Loïc Antoine et la société Lenôtre pour leur temps et leur expertise.

Remerciement de l'éditeur

Merci à Bertrand Jallerat du restaurant *Le Georges*, hôtel du Grand Monarque à Chartres, pour le prêt de moules anciens.

Éditions du Gerfaut
16, rue du Petit Change
28000 Chartres
www.editionsdugerfaut.com

Toutes les photographies sont de Franck Schmitt

Crédits des illustrations :

Shutterstock : p. 10, 12, 16, 24, 31, 32, 36, 46, 53, 54, 65, 66, 70, 73, 74, 77, 80, 91, 100, 121, 135 (h)

AdobeStock : melazerg : p. 13, 14 ; alhontess : p. 20, 92, 96, 103, 104, 111, 112, 115 ; Maria.Epine : p. 23, 88, 116 ; jenesesimre : p. 42, 49, 69, 84, 87 ; vladayoung : p. 45 ; airmel : p. 50 ; J_ka : p. 83 ; lynea : p. 99, 107, 124 ; DIVIArts : p. 122, 123, 125, 127, 128, 131, 132, 133 ; marinavorona : p. 108

Larousse du xxe siècle : p. 27, 28, 35, 62, 135 (b)

Vecteezy : p. 39, 57, 58

Création graphique : daniella.paris pour Lunedit

Adaptation graphique et mise en pages : Marion Huet pour Lunedit

Suivi éditorial : lunedit.com

Dépôt légal : septembre 2021

ISBN : 978-2-35191-240-9

Les éditions du Gerfaut bénéficient du soutien
de la Région Centre-Val de Loire, de l'État (DRAC Centre-Val de Loire) et de Ciclic Centre-Val de Loire.

PRÉFET DE LA RÉGION CENTRE-VAL DE LOIRE | Direction régionale des affaires culturelles

ciclic CENTRE VAL DE LOIRE

Centre-Val de Loire www.centre-valdeloire.fr

Imprimé par DZS en Slovénie.